Inhalt

Branchenreport AUTOMOBIL Ausgabe 2/2014

Kernthesen

Beitrag

Zahlen und Fakten

Weiterführende Literatur

Impressum

GENIOS BranchenWissen Nr. 11 vom 19.11.2014

Branchenreport AUTOMOBIL Ausgabe 2/2014

Thomas Trares

Kernthesen

- Der deutsche Automarkt entwickelt sich 2014 recht stabil.
- Allerdings nimmt der Anteil privater Käufer zusehends ab.
- ZF Friedrichshafen steigt via Übernahme zum weltweit drittgrößten Zulieferer auf.
- Bis auf China entwickeln sich die Schwellenländermärkte derzeit schwach.
- Shooting-Star auf dem globalen Automarkt ist der US-Elektrobauer Tesla.

Beitrag

Die Branchenkonjunktur

Der deutsche Automarkt entwickelt sich derzeit recht stabil. In den ersten zehn Monaten 2014 ist die Zahl der Neuzulassungen um drei Prozent auf knapp 2,56 Millionen gestiegen. Für das Gesamtjahr wird eine leichte Steigerung auf drei Millionen erwartet. Die Zuwächse sind hauptsächlich auf gewerbliche Anmeldungen zurückzuführen, der Anteil privater Neuzulassungen geht dagegen weiter zurück. Zudem herrscht ein harter Preiskampf. Den Export hat die deutsche Autoindustrie in den ersten zehn Monaten um vier Prozent auf 3,6 Millionen Fahrzeuge gesteigert, die Produktion zog um ebenfalls vier Prozent auf 4,7 Millionen Fahrzeuge an. Die Aussichten sind allerdings verhalten, die Auftragseingänge legten zuletzt kaum noch zu. (1), (2), [Abb. 1]

Die Automobilhersteller in Deutschland

Die bedeutendsten in Deutschland produzierenden Automobilunternehmen sind Volkswagen (VW), Audi, Daimler, BMW, Ford, Porsche und Opel. Mit einem Jahresumsatz von fast 200 Milliarden Euro, fast zehn Millionen ausgelieferten Fahrzeugen und zwölf

Konzernmarken ist VW unangefochtener Marktführer in Deutschland und Europa. Weltweit rangieren die Wolfsburger auf Platz zwei, knapp hinter dem japanischen Hersteller Toyota. 2014 wird VW beim operativen Gewinn wohl einen weiteren Rekord vermelden. Die Schätzungen lauten derzeit auf 12,4 Milliarden Euro, nach 11,7 Milliarden im Jahr zuvor. Im Pkw-Kerngeschäft ist die Rendite zuletzt leicht auf 2,8 Prozent gestiegen, aber nach wie vor relativ niedrig. Konzernchef Martin Winterkorn hatte deswegen Mitte des Jahres Alarm geschlagen. (3), (4)

Im Premium-Segment ist VW mit den Marken Audi und Porsche vertreten. Mit 3,8 Milliarden beziehungsweise 1,9 Milliarden Euro steuerten allein die beiden Marken in den ersten neun Monaten 2014 gut 60 Prozent zum operativen Gewinn von Volkswagen bei. Porsche kam zuletzt auf eine Rendite von 13 Prozent, bei Audi waren es 9,2 Prozent. Damit gleichen die beiden Premium-Marken die Schwäche des VW-Kerngeschäfts aus. Audi verkaufte bis Ende September knapp 1,3 Millionen Autos, ein neuer Rekord. Damit ist das Jahresziel von 1,7 Millionen verkaufter Fahrzeuge in greifbarer Nähe. Audi rechnet zudem mit einem Umsatz von mehr als 50 Milliarden Euro. (6)

Der weltgrößte Premium-Hersteller ist BMW. 2014 wollen die Münchner erstmals mehr als zwei Millionen Fahrzeuge verkaufen. Daran ändert auch die zuletzt leicht nach unten korrigierte Absatzprognose nichts. Grund für die Revision ist der scharfe Preiswettbewerb in Westeuropa. In den ersten neun Monaten kletterte der Absatz um 6,5 Prozent auf 1,53 Millionen Pkw. Der Zuwachs gelang trotz eines modellwechselbedingten Rückgangs bei den Mini-Verkäufen. Der Umsatz stieg um 3,4 Prozent auf 57,7 Milliarden, das Vorsteuerergebnis um 13,5 Prozent auf 6,84 Milliarden Euro. (5)

Daimler, die in den vergangenen Jahren an Boden verloren haben, will bis 2020 wieder zum Premium-Marktführer aufsteigen. Zwar haben die Stuttgarter inzwischen zur Aufholjagd angesetzt, bislang hat sich der Abstand zu BMW und Audi aber kaum verringert. Entscheidend wird sein, wie schnell Daimler in China vorankommt. Derzeit versuchen die Stuttgarter mit einer Modelloffensive Boden zu gewinnen. Für 2014 ist Daimler zuversichtlich, die selbstgesteckten Ziele zu erreichen. In der Autosparte streben die Schwaben eine Rendite von zehn Prozent an. Im dritten Quartal waren es bereits 8,5 Prozent. Zudem rechnet die Konzernführung mit einem neuen Absatzrekord. In den ersten neun Monaten setzte Daimler 1,26 Millionen Fahrzeuge ab, ein Zuwachs von 10,9 Prozent. (7)

Den Volumenherstellern Opel und Ford macht nach wie vor die Schwäche des europäischen Marktes zu schaffen. Ford ist Nummer zwei in Europa, Opel

Nummer drei. Derzeit belasten vor allem die Ukraine-Krise und der damit einhergehende Nachfrageeinbruch in Russland. Bei Opel hat zusätzlich die Schließung des Werks in Bochum ins Kontor geschlagen. Im dritten Quartal gab es operativ ein Minus von 306 Millionen Euro. Die Konzernführung hält aber an dem Ziel fest, 2016 schwarze Zahlen zu schreiben. Nach einem kurzen Ausreißer in die Gewinnzone schreibt auch Ford in Europa wieder rote Zahlen. Im dritten Quartal bezifferte sich der Verlust auf umgerechnet 348 Millionen Euro. Der US-Konzern geht davon aus, in Europa im Gesamtjahr knapp eine Milliarde Euro zu verlieren. (8), (9)

Die Nutzfahrzeughersteller

Das Geschäft mit den Nutzfahrzeugen ist besonders stark von der Konjunktur abhängig. Nachdem der Markt 2013 stagniert hat, rechnet die Branche für 2014 mit einem Plus von vier Prozent bei Lkw und drei Prozent bei Bussen. Bis Ende August stiegen die Neuzulassungen von leichten und schweren Lkw um sieben bis acht Prozent, bei Bussen gab es ein Plus von drei Prozent. (2)

Marktführer auf dem internationalen Nutzfahrzeugmarkt ist Daimler mit seiner Marke Mercedes-Benz. In den ersten acht Monaten 2014 hat

Daimler weltweit den Absatz um drei Prozent auf 314 000 Trucks gesteigert. Auch der Absatz von Bussen und leichten Transportern nahm zu. Daimler profitiert dabei von seiner global breiten Aufstellung. Die Stuttgarter sind in allen großen Märkten vertreten, inklusive Indien und China. (11)

Der VW-Tochter MAN machen dagegen rückläufige Absatzzahlen zu schaffen. In zwei Werken soll es jetzt Kurzarbeit geben. Zudem wurden die Prognosen für Umsatz und Ergebnis zurückgenommen. Grund sind die Schwäche des europäischen Marktes und der Einbruch in Brasilien. Die Münchner steuern mit Kostensenkungen gegen. Auch bei der zweiten VW-Nutzfahrzeugtochter, der schwedischen Scania, gab es im dritten Quartal weniger Bestellungen und ein schwächeres Ergebnis. Damit hat es die Wolfsburger besonders stark getroffen. Denn neben Daimler schreibt auch der schwedische Konkurrent Volvo weiter schwarze Zahlen. (10)

Die Automobilzulieferer

Von den 600 Firmen, die im Verband der Automobilindustrie (VDA) zusammengeschlossen sind, gehört der größte Teil zur Kategorie Zulieferer. Die meisten sind kleine Unternehmen, die erfolgreich Nischen besetzen. Bei den Marktführern Robert Bosch und Continental handelt es sich allerdings um milliardenschwere Großkonzerne. Zurzeit profitieren die Zulieferer davon, dass die Hersteller immer mehr Wertschöpfung auslagern. Die Trends heißen Vernetzung mit dem Internet, autonomes Fahren, alternative Antriebe und Sicherheit. (13)

Bosch kommt auf einen Jahresumsatz von rund 46 Milliarden Euro, davon rund 30 Milliarden im Kfz-Geschäft. Für 2014 rechnet die Konzernführung mit einem Zuwachs der Autosparte von sieben bis acht Prozent, im Nutzfahrzeuggeschäft könnten es sogar zehn Prozent werden. Wachstumstreiber ist nach wie vor die Diesel-Technik. Gleichwohl will Bosch unabhängiger von der Kfz-Sparte werden. Dafür plant Bosch unter anderem das Hausgeräte-Gemeinschaftsunternehmen Bosch Siemens Hausgeräte komplett zu übernehmen. (12)

Konkurrent Conti sieht sich derweil auf gutem Weg den für 2014 geplanten Umsatz von 34,5 Milliarden Euro zu erreichen, ebenso wie die zum ersten Halbjahr auf rund elf Prozent angehobene Ebit-Marge. Deutlich verbessert hat sich auch die Verschuldung. Im Vergleich zu 2013 wurde sie um 1,6 Milliarden auf 3,9 Milliarden Euro abgebaut. (13)

Ferner ist der Fahrzeuggetriebehersteller ZF Friedrichshafen zu dem weltweit drittgrößten Zulieferer aufgestiegen. Grund ist die Übernahme des US-Zulieferers TRW, ein Spezialist für Sicherheitstechnik und Fahrerassistenzsysteme.

Gestärkt wird dadurch vor allem die Kompetenz im Zukunftsfeld automatisiertes Fahren. Der Kaufpreis lag bei umgerechnet 9,5 Milliarden Euro. Der neue Konzern kommt mit 138 000 Mitarbeitern auf einen Umsatz von 30 Milliarden Euro. Die ZF spielt damit künftig in einer Liga mit Bosch und Conti. (14), [Abb. 2]

Die internationale Automobilindustrie

Die weltweite Automobilindustrie erholt sich weiter von der Krise der Jahre 2009/2010. In diesem und im kommenden Jahr dürfte es einen Produktionsanstieg von jeweils vier Prozent geben, 2017 könnten erstmals weltweit mehr als 100 Millionen Fahrzeuge in einem Jahr abgesetzt werden. Wachstumsmotor bleibt China, dem mit rund 20 Millionen verkaufter Fahrzeuge inzwischen weltgrößten Markt. Dies entspricht einem Marktanteil von 27 Prozent. Das Wachstum hat sich in der Volksrepublik zwar verlangsamt, befindet sich aber noch immer auf hohem Niveau. Für ausländische Hersteller weht in China inzwischen ein etwas rauerer Wind. Die Wettbewerbsbehörden des Landes gehen inzwischen verstärkt gegen die Preisgestaltung der ausländischen Konzerne vor. (15)

Dynamisch entwickelt sich derzeit auch der US-Markt, auf den ein Weltmarktanteil von 23 Prozent entfällt. 2014 dürfte es hier ein Plus von vier Prozent und 2015 von drei Prozent geben. Bis vor wenigen Jahren waren die USA noch der größte Automarkt der Welt. Dann kam die Krise 2009/10, die mit einem Arbeitsplatzabbau von 20 Prozent einherging. Danach gab es tiefgreifende Restrukturierungsmaßnahmen. Seither holen die Amerikaner wieder auf. Der Markt ist jedoch relativ gesättigt, Wachstumssprünge sind in Zukunft keine zu erwarten. Die deutschen Autobauer spielen auf dem von Pickups und SUVs dominierten US-Markt nur eine untergeordnete Rolle. (15)

Schwach entwickeln sich derzeit die Märkte in den Schwellenländern. Neben den geopolitischen Risiken sind die Abwertung der jeweiligen Landeswährung und ein hohes Zinsniveau dafür verantwortlich. Thailand und Argentinien verzeichnen dieses Jahr Rückgänge von voraussichtlich 36 und 30 Prozent. Auch in Brasilien, dem viertgrößten Automarkt der Welt, ist der Absatz eingebrochen. (15)

Zu den Unsicherheitsfaktoren zählen auch der Ukraine-Konflikt und die damit einhergehende Schwäche des russischen Marktes. In den ersten acht Monaten 2014 gingen dort die Verkäufe um zwölf Prozent zurück. Für das Gesamtjahr wird ein Minus von 14 Prozent prognostiziert. Die spanische VW-

Tochter Seat hat inzwischen ihren kompletten Rückzug erklärt. Dabei war Russland noch vor wenigen Jahren dabei, sich zum größten Automarkt Europas aufzuschwingen. Derweil hat sich in Westeuropa die Automobilkonjunktur nach den Einbrüchen infolge der Schuldenkrise wieder etwas erholt. Die Neuzulassungen liegen historisch gesehen aber immer noch auf einem niedrigen Niveau. (16), [Abb. 3]

Trends

Automatisiertes Fahren noch Zukunftsmusik

Die Automobilentwickler tüfteln bereits an einem Auto, das ganz ohne Fahrer auskommt. Bis solche automatisch fahrenden Fahrzeuge auf den Markt kommen, wird es zwar noch einige Jahre dauern, die ersten Tests sind aber bereits erfolgt. So hat Daimler fast ohne Zutun eines Fahrers einen Wagen von Mannheim nach Pforzheim rollen lassen. Und auf der IAA Nutzfahrzeuge präsentierten die Schwaben einen "Future Truck", der eines Tages vollautomatisch über die Autobahn fahren soll. In den USA hat die Verkehrsbehörde NHTSA bereits Leitlinien für das

Testen von Roboterautos verabschiedet. In Deutschland steht aber einer Verbreitung solcher Fahrzeuge noch das Verkehrsrecht entgegen. Die Bundesrepublik hat nämlich das Wiener Abkommen unterschrieben. Dieses schreibt vor, dass der Fahrer quasi immer die Hände am Lenkrad haben soll. (11), (18)

Der Shooting-Star Tesla

Ein Shooting-Star auf dem Automarkt ist der US-Elektrobauer Tesla. Im Jahresverlauf stieg der Aktienkurs des Unternehmens um mehr als 50 Prozent. Allerdings scheiden sich an Tesla die Geister: Anhänger halten den Elektroautopionier für einen Hoffnungsträger hinsichtlich Innovationskraft, Skeptiker für eine Geldverbrennungsmaschine. Die Zahlen für das dritte Quartal bestätigen beide Positionen. Gewinn und Umsatz lagen zwar über den Erwartungen, allerdings senkte Tesla die Absatzprognose. Das Unternehmen räumte ein, 2014 nur mit 33 000 ausgelieferten Wagen zu rechnen. Das wären zwar 50 Prozent mehr als 2013, doch zuletzt hatte die Vorhersage bei 35 000 gelegen. (17)

Zahlen & Fakten

Abbildung 1: Der deutsche Automarkt Januar bis Oktober 2014

Pkw/Kombi	Anzahl	Veränderung in Prozent
Produktion	4.761.500	4
Export	3.621.500	4
Neuzulassungen	2.556.991	3
davon deutsche Marken	1.841.500	3
davon ausländische Marken	715.600	2

Quelle: Verband der Automobilindustrie (VDA), Kraftfahrt-Bundesamt (KBA) Entnommen aus: Börsen-Zeitung, 05.11.2014, Nummer 212, Seite 9 (1)

Abbildung 2: Die größten Automobilzulieferer weltweit nach Umsatz

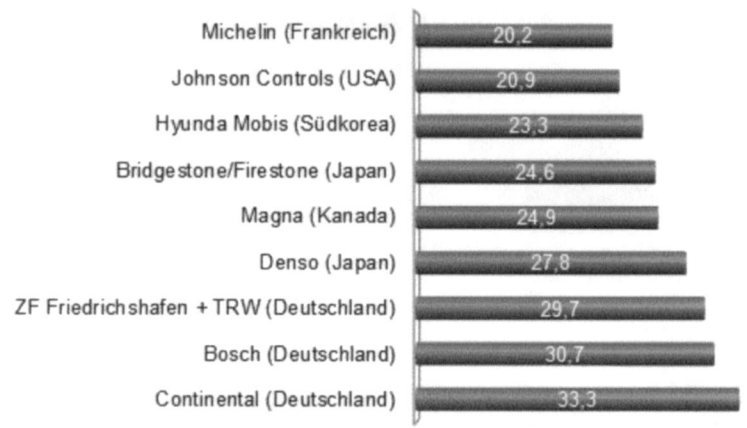

Quelle: Automobilindustrie Entnommen aus: Börsen-Zeitung, 16.09.2014, Nummer 177, Seite 13 (14)

Abbildung 3: Die größten Hersteller Europas nach Umsatz

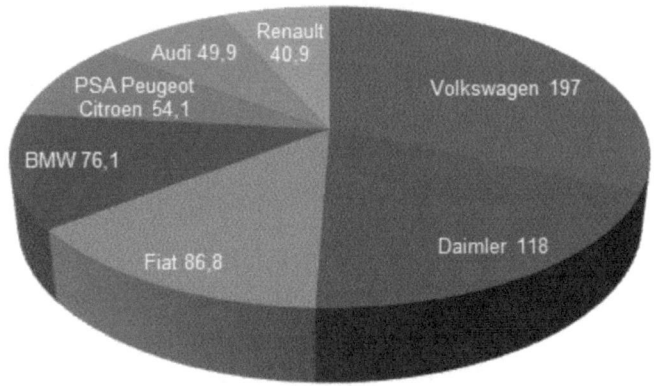

Quelle: Thomson Reuters, Bloomberg, Handelsblatt Research Institute Entnommen aus: Genios Statistiken, 02.09.2014 (19)

Weiterführende Literatur

(1) Deutscher Automarkt legt im Oktober weiter zu Privatkäufe gehen erneut zurück - Konjunkturschwäche bedroht gewerbliche Orders - Kräftiges Auslandsplus
aus Börsen-Zeitung, 05.11.2014, Nummer 212, Seite 9

(2) Noch läuft es gut für die Fahrzeughersteller
aus Südwest Presse vom 03.09.2014, S. 11

(3) Volkswagen übertrifft die Erwartungen
Wolfsburger Autobauer steuert auf operativen Rekordgewinn zu - Kernmarke überrascht - Aktie legt in der Spitze um 5 Prozent zu
aus Börsen-Zeitung, 31.10.2014, Nummer 209, Seite 11

(4) VW nimmt Kurs auf Rekordgewinn
aus Neue Osnabrücker Zeitung - Ausgabe Stadt, 31.10.2014

(5) BMW spürt noch keinen Abschwung - Leichter Gewinnrückgang im dritten Quartal kann Ziele für 2014 kaum gefährden
aus Neue Osnabrücker Zeitung - Ausgabe Stadt, 31.10.2014

(6) Audi verkauft mehr Autos - Premiumhersteller sieht sich auf Kurs für sein Verkaufsziel
aus Neue Osnabrücker Zeitung - Ausgabe Stadt, 31.10.2014

(7) Daimler wächst auch im dritten Quartal profitabel - Im Rennen um die Spitze im Oberklasse-Segment machen die Schwaben weiter Tempo und kommen den eigenen Zielen näher. Größere Zukäufe sind dabei aber nicht geplant.
aus AUTOHAUS Online vom 23.10.2014

(8) Ford schwächelt in Europa
aus Kölner Stadt-Anzeiger vom 25.10.2014

(9) Opel macht im Sommer höhere Verluste

aus Saarbrücker Zeitung vom 24.10.2014

(10) MAN hadert mit flauer Nachfrage
aus Frankfurter Allgemeine Zeitung, 29.10.2014, Nr. 251, S. 19

(11) Daimler-Laster fährt von alleine
aus Frankfurter Allgemeine Zeitung, 24.09.2014, Nr. 222, S. 19

(12) Boschs Kfz-Geschäft legt deutlich zu - Die gesamte Auto-Sparte von Bosch wächst 2014 um sieben bis acht Prozent, das Nutzfahrzeuggeschäft um zehn Prozent. Wachstumstreiber ist nach wie vor die Diesel-Technik.
aus AUTOHAUS Online vom 23.09.2014

(13) Continental bleibt in der Spur
aus Handelsblatt Nr. 213 vom 05.11.2014 Seite 027

(14) ZF fährt in die Top 3 der Branche Durch Übernahme der amerikanischen TRW wird der Stiftungskonzern zu einem der großen Autozulieferer
aus Börsen-Zeitung, 16.09.2014, Nummer 177, Seite 13

(15) Euler Hermes Studie Automobilindustrie: China "hot", Russland "not" (FOTO)
aus news aktuell, 2014-09-24

(16) Auto-Absatz in Putins Reich bricht um 25 Prozent ein
aus Welt online vom 09.09.2014

(17) Tesla kürzt Absatzprognose - Der US-Elektrobauer hat in diesem Jahr einen riesigen Hype erlebt – seit Anfang Januar stieg der Aktienkurs um mehr als 50 Prozent. Können die aktuellen Ergebnisse den Rummel rechtfertigen?
aus AUTOHAUS Online vom 06.11.2014

(18) Experten tüfteln an Regeln für Roboterautos
aus THÜRINGER ALLGEMEINE - Ausgabe Erfurt-Land, 15.11.2014, S. 51

(19) Europa: Top 500 Börsennotierte Unternehmen, Rang 1-50 2013
aus Handelsblatt, 16.06.2014, S. 22

Impressum

Branchenreport AUTOMOBIL Ausgabe 2/2014

Bibliografische Information der deutschen Nationalbibliothek

Die Deutsche Nationalbibliothek verzeichnet diese Publikation in der deutschen Nationalbibliografie; detaillierte bibliografische Daten sind im Internet über http://dnb.d-nb.de abrufbar.

ISBN: 978-3-7379-5656-7

© 2015 GBI-Genios Deutsche Wirtschaftsdatenbank GmbH, Freischützstraße 96, 81927 München, www.genios.de

Alle Rechte vorbehalten. Dieses Werk ist einschließlich aller seiner Teile – z.B. Texte, Tabellen und Grafiken - urheberrechtlich geschützt. Jede Verwertung außerhalb der Grenzen des Urheberrechtsgesetzes bedarf der vorherigen Zustimmung des Verlags. Dies gilt insbesondere auch für auszugsweise Nachdrucke, fotomechanische Vervielfältigungen (Fotokopie/Mikroskopie), Übersetzungen, Auswertungen durch Datenbanken oder ähnliche Einrichtungen und die Einspeicherung und Verarbeitung in elektronischen Systemen.